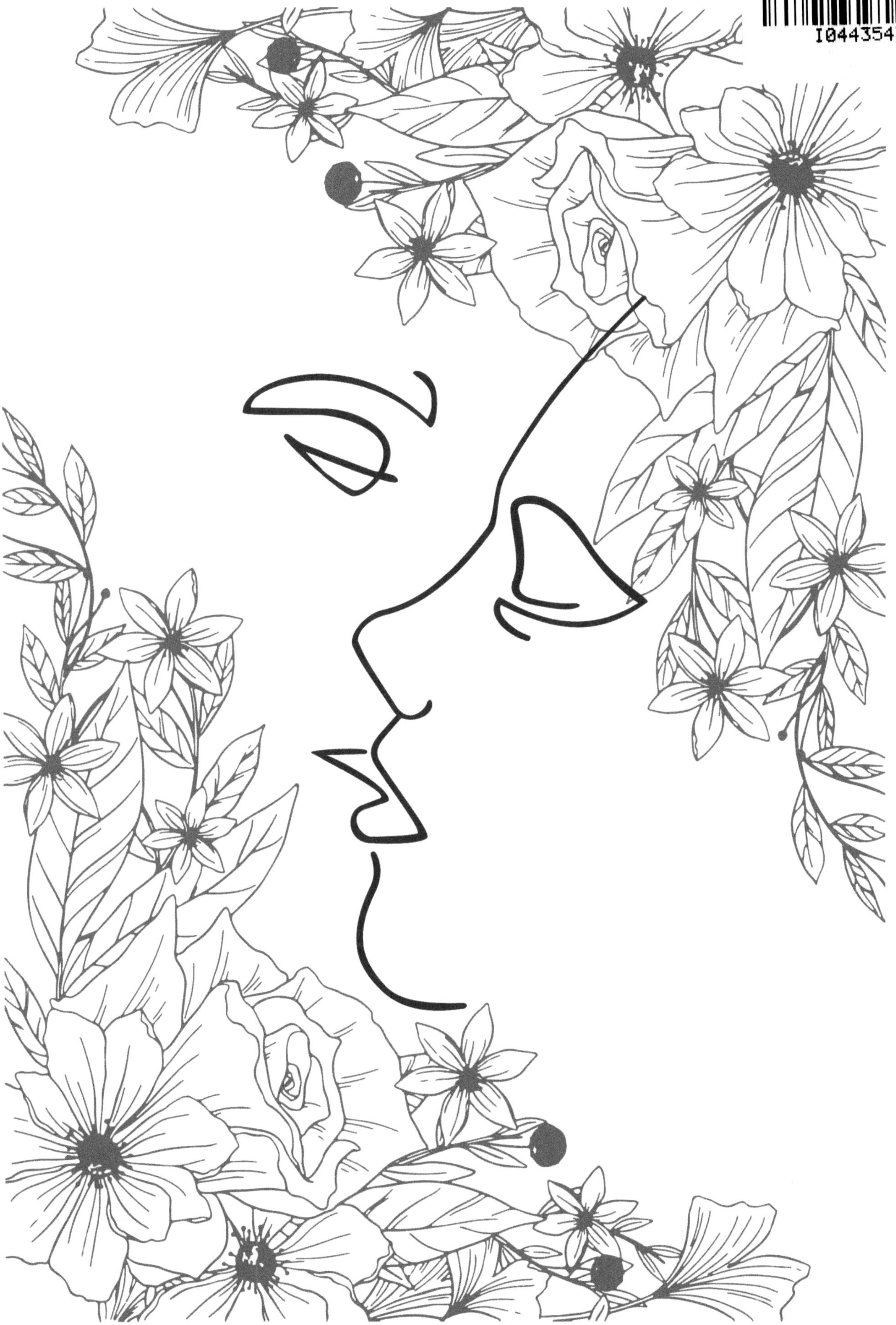

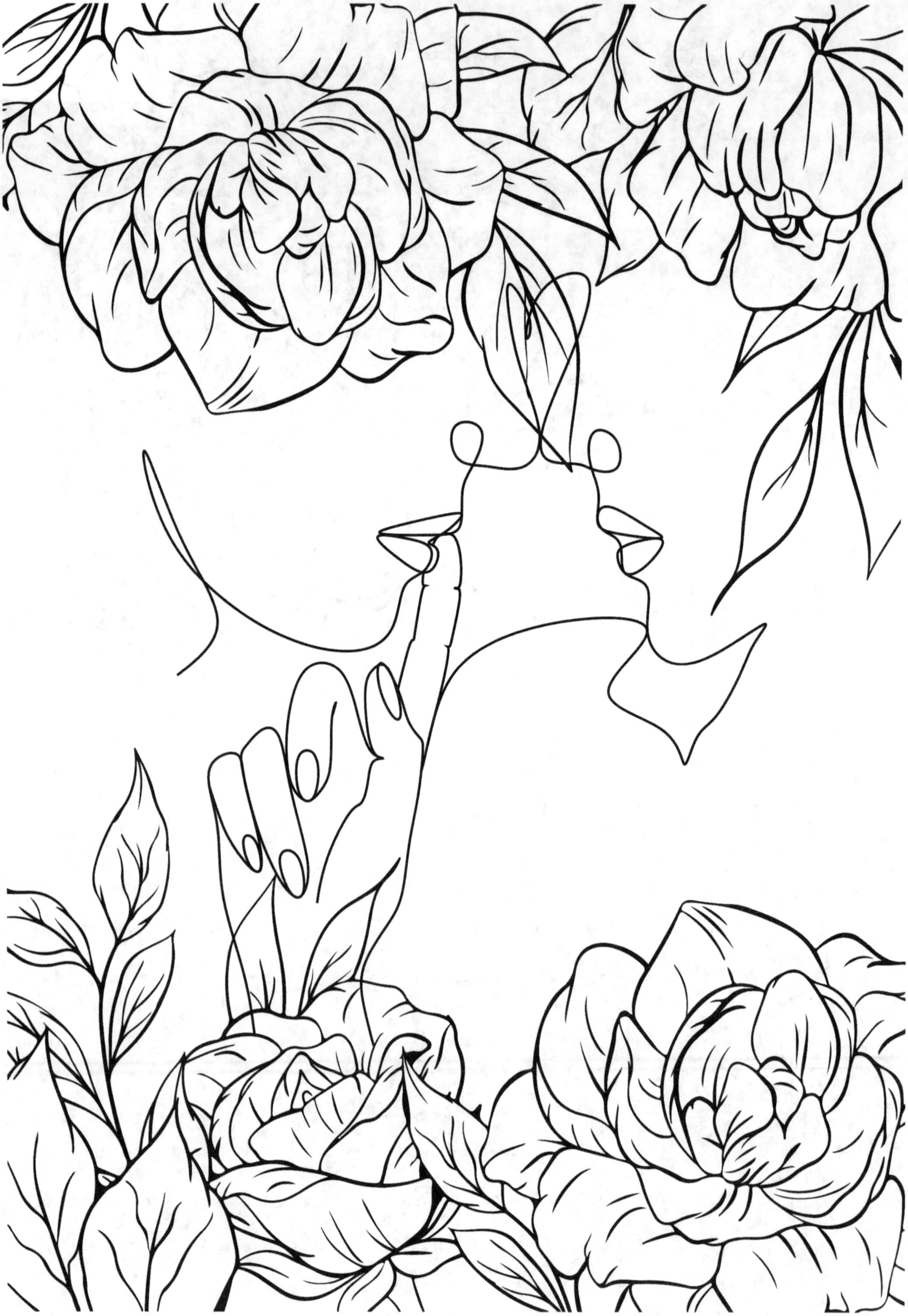

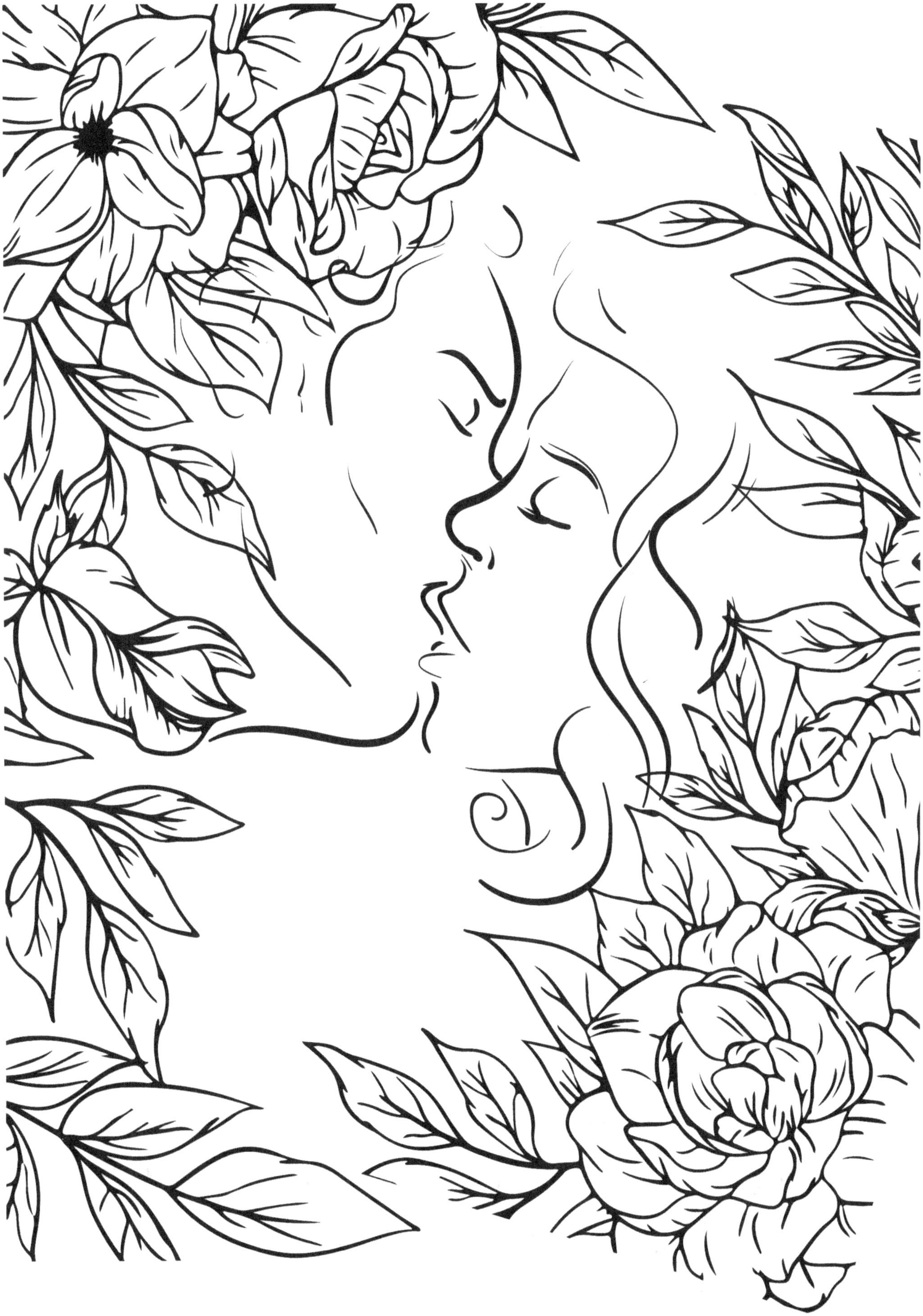

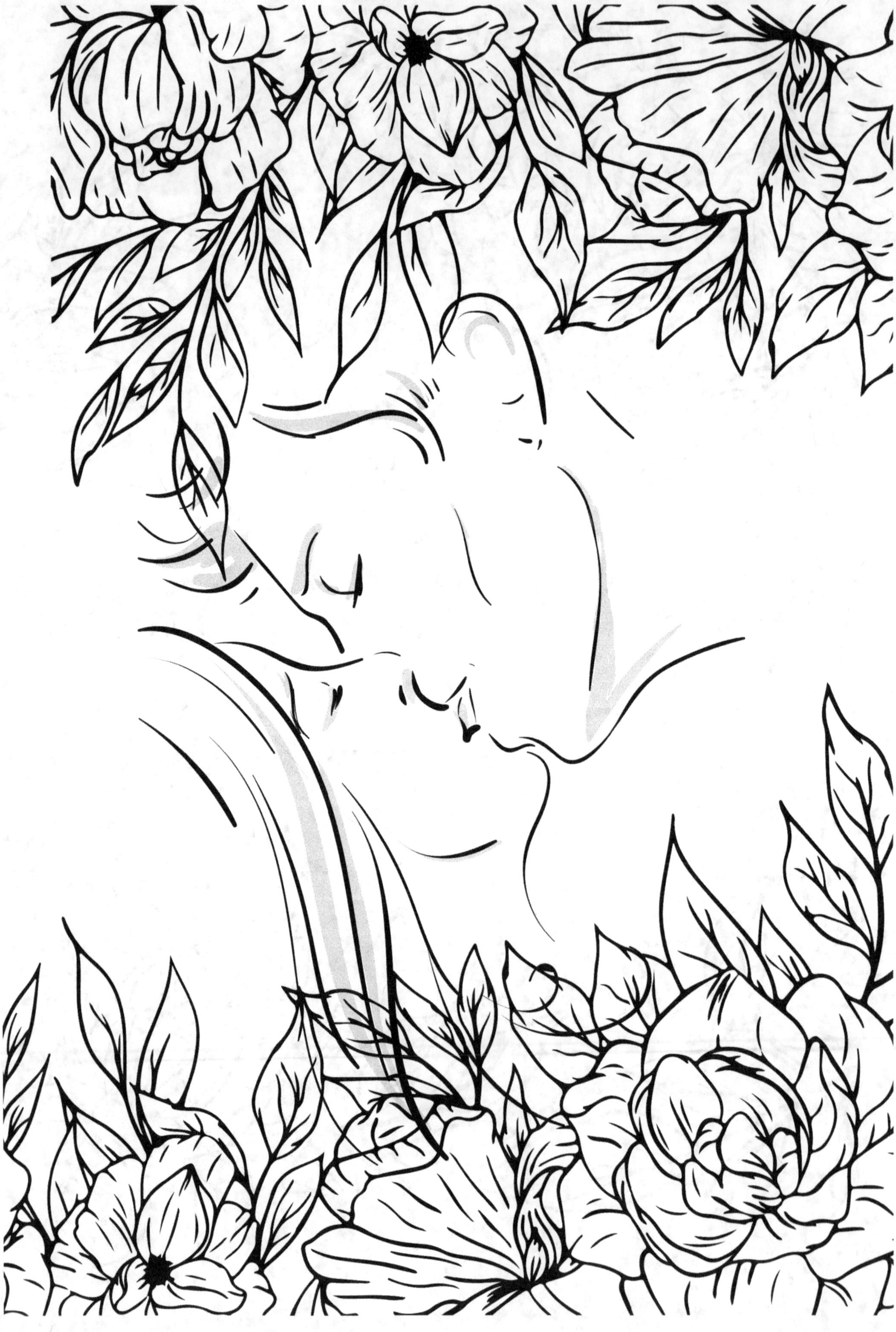

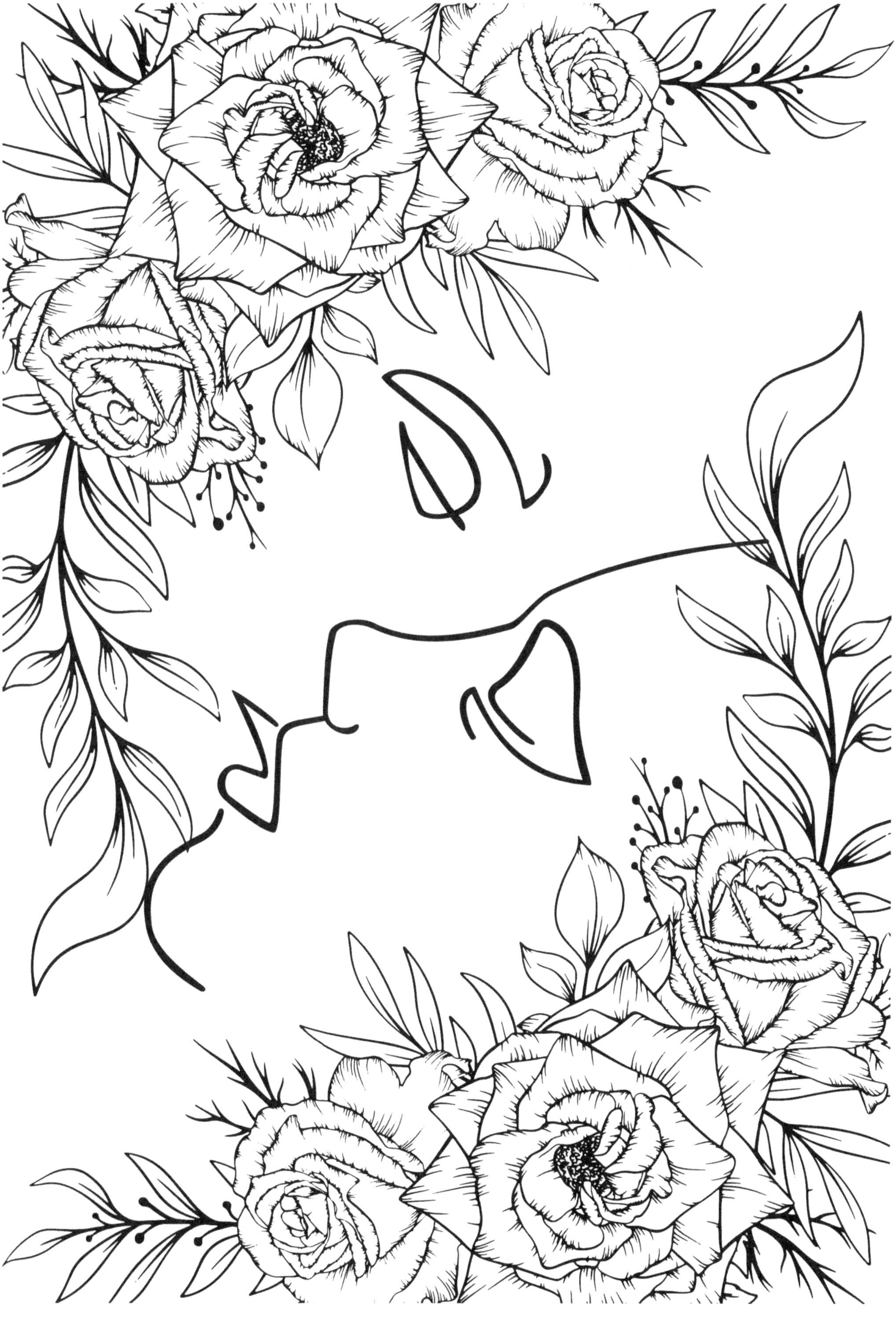

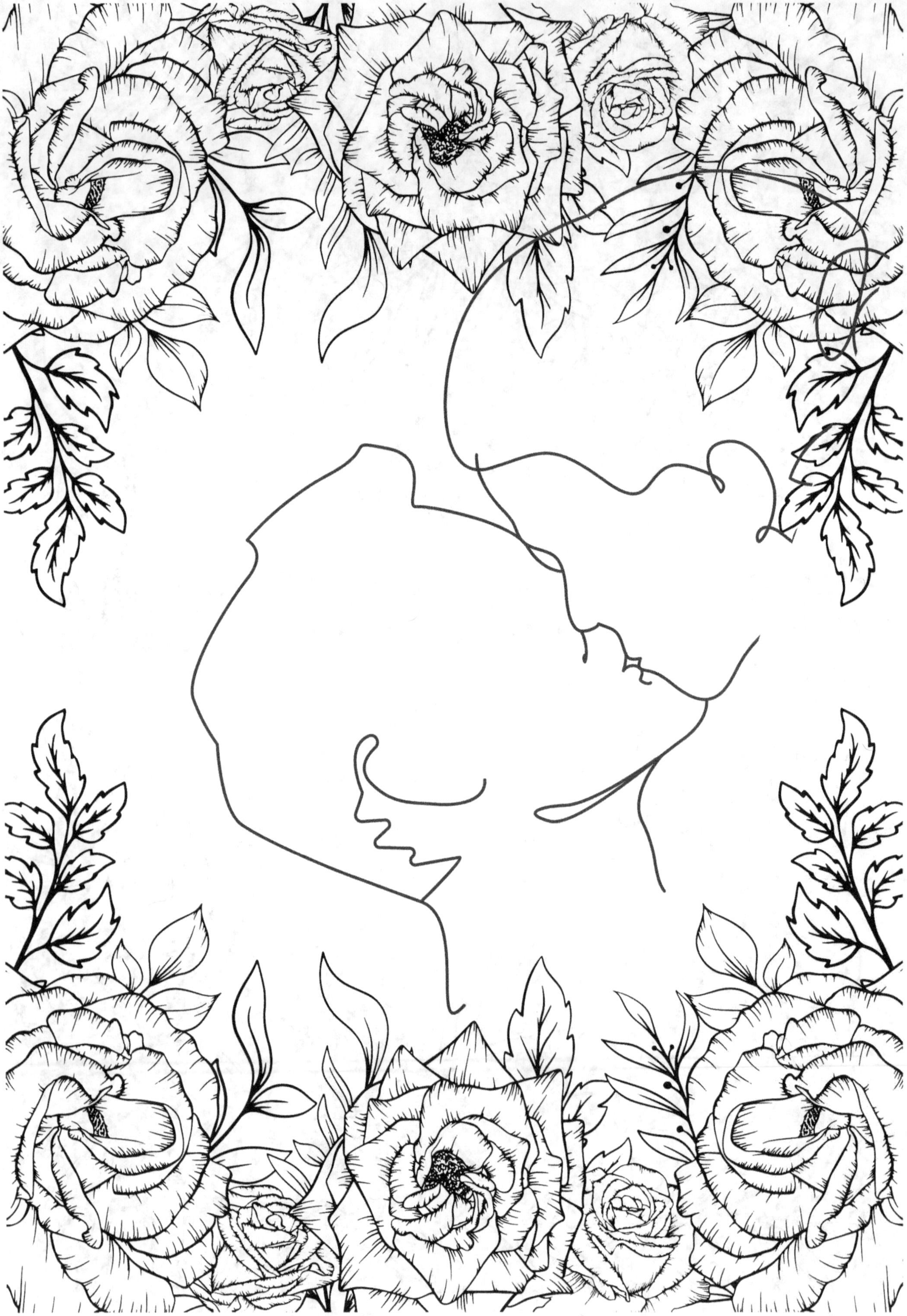

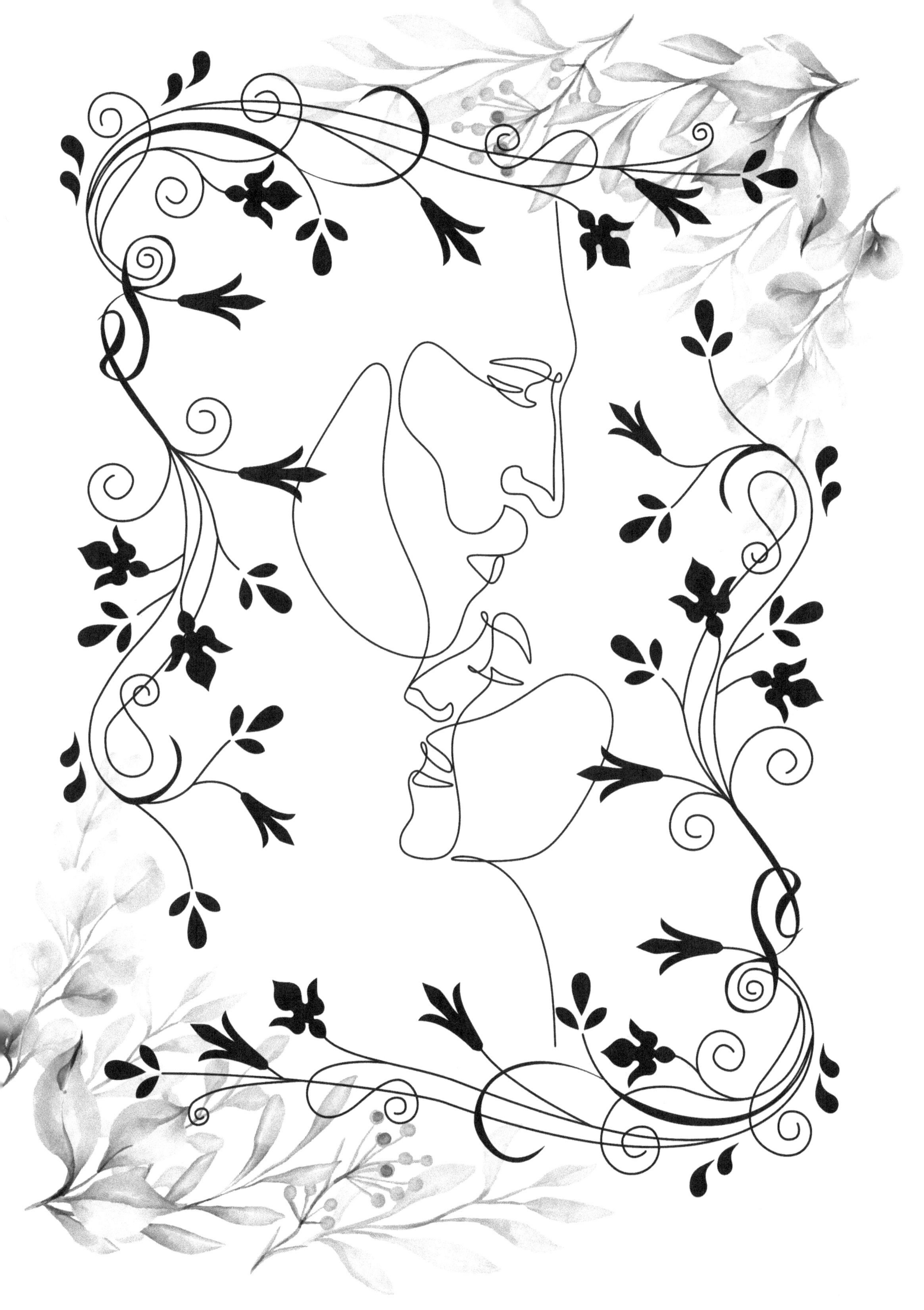

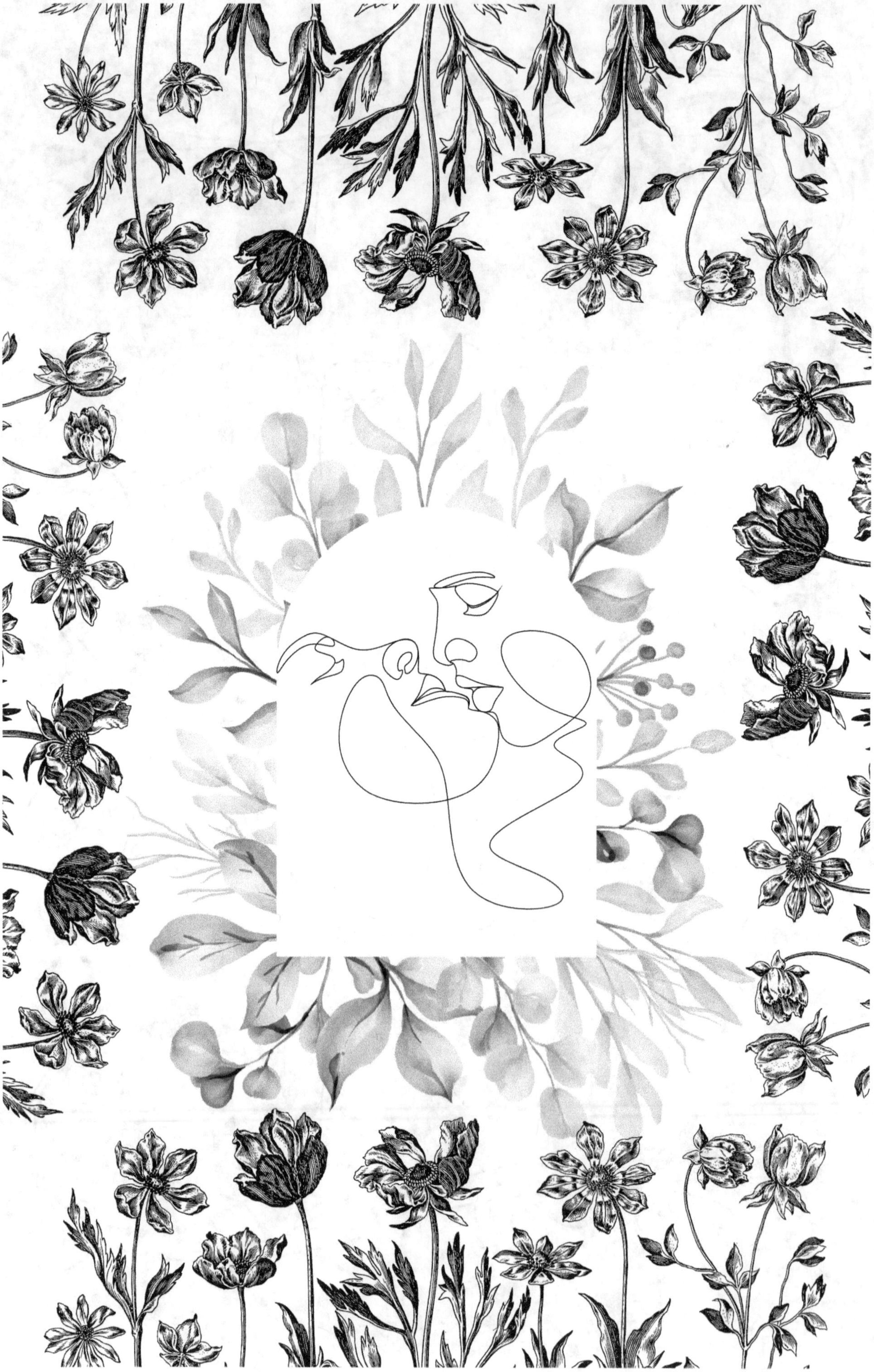

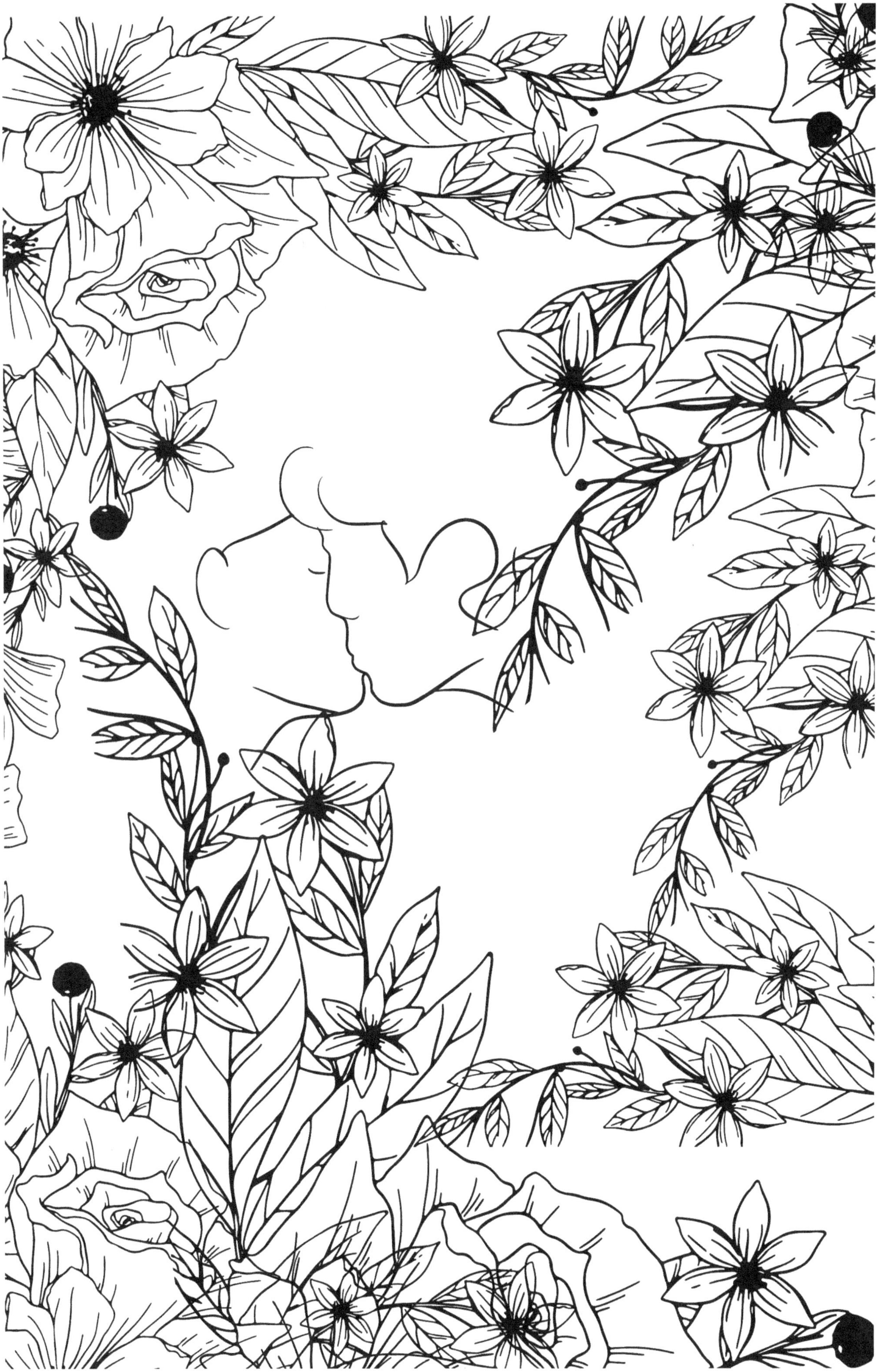

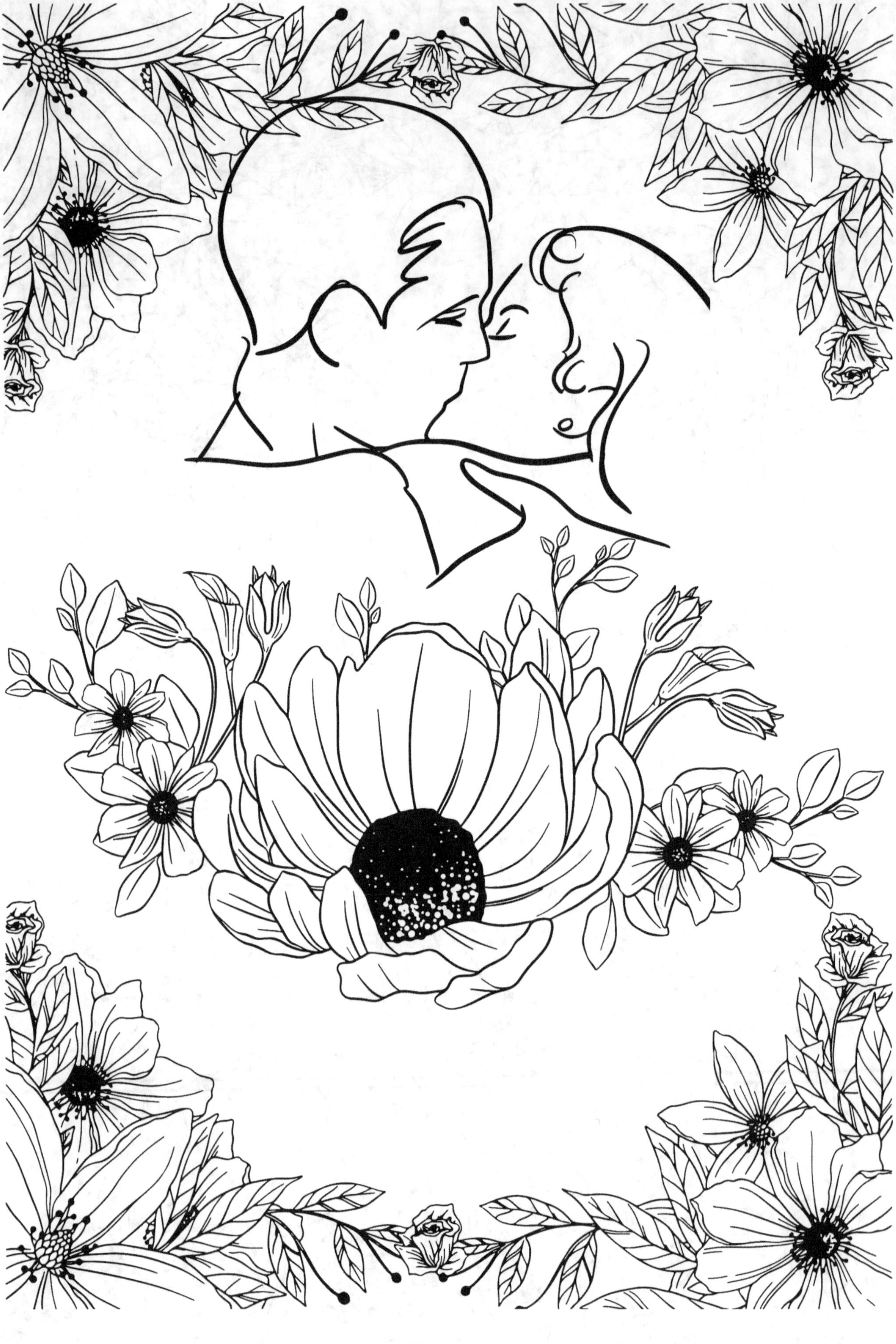

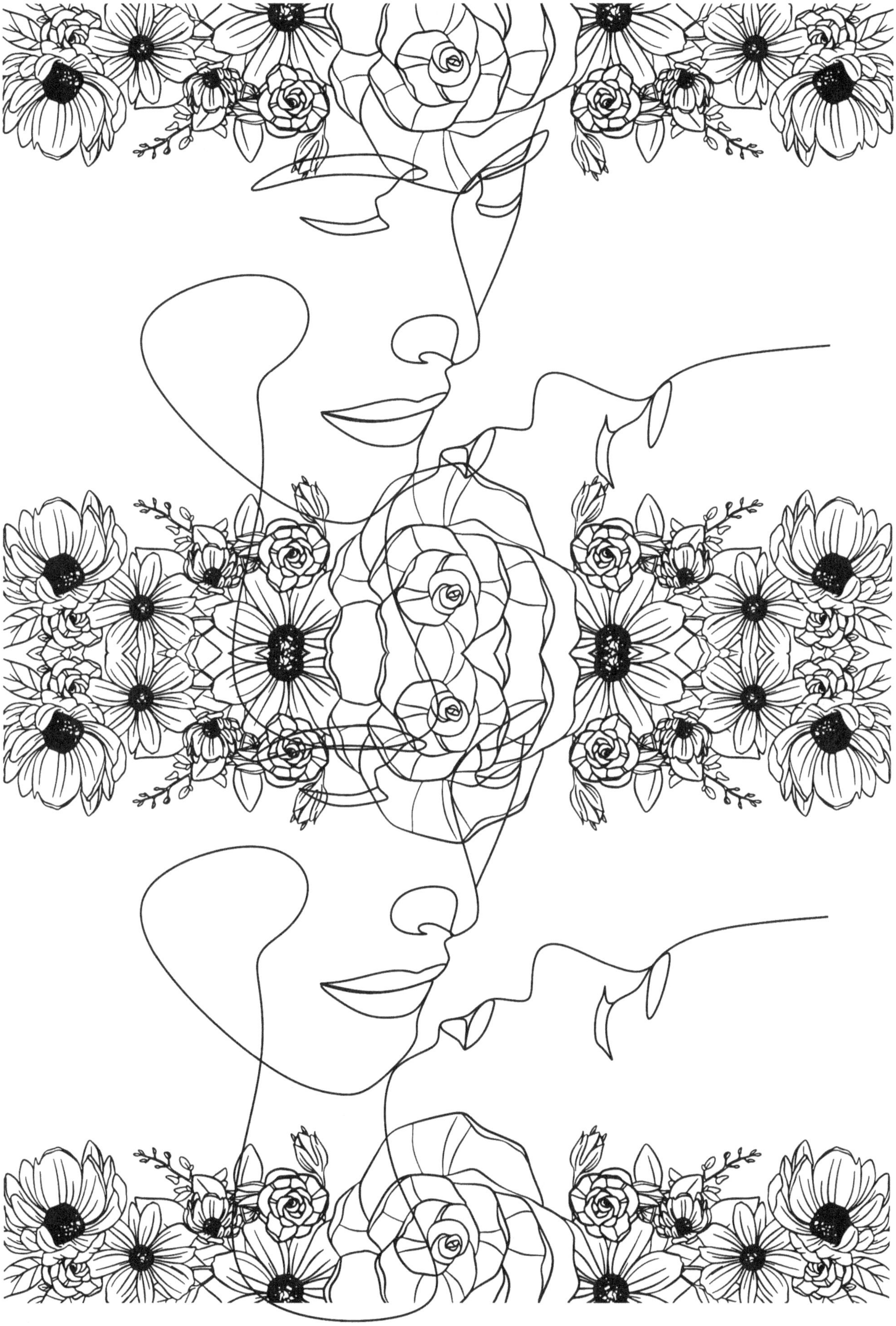

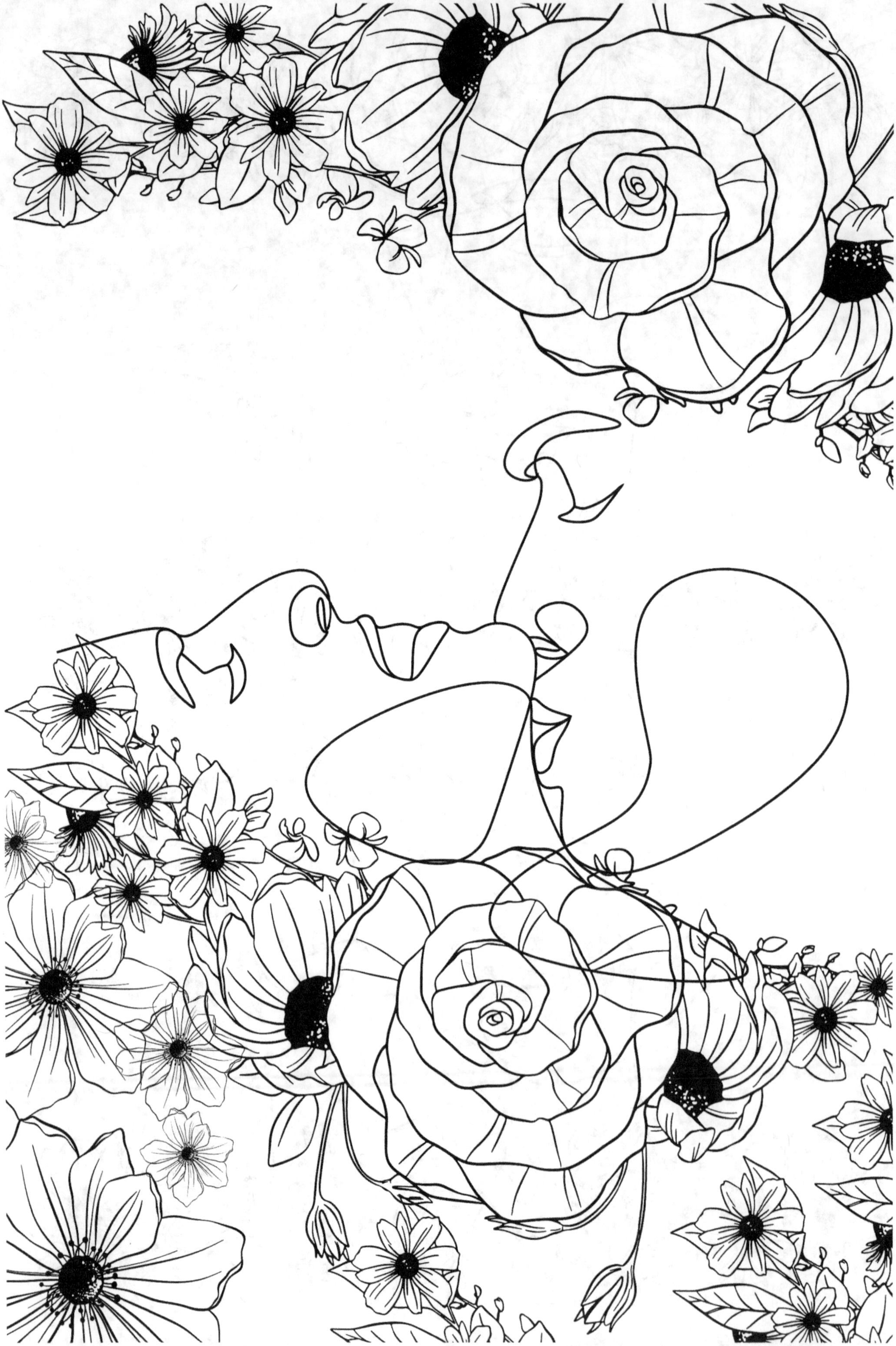

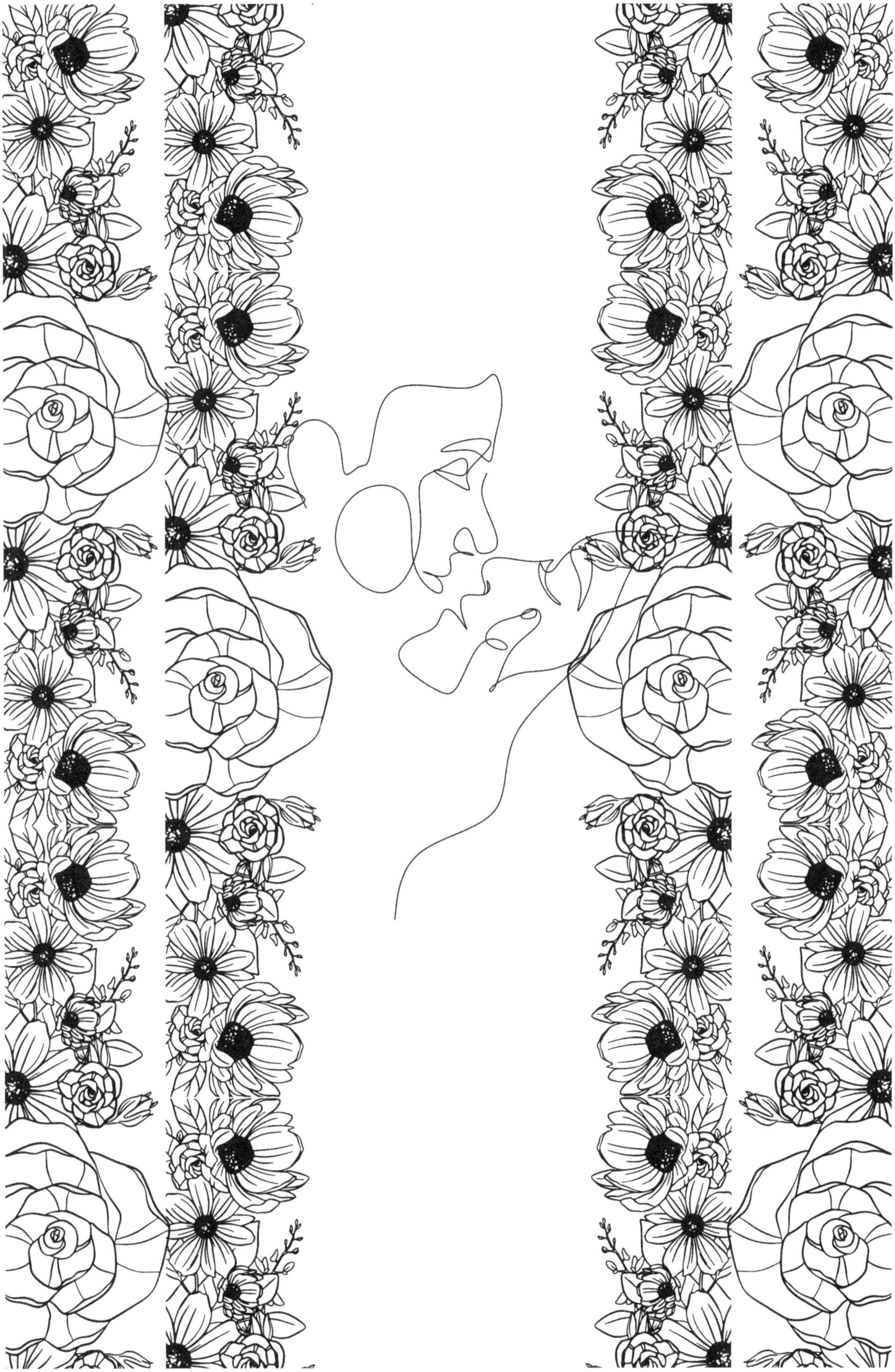

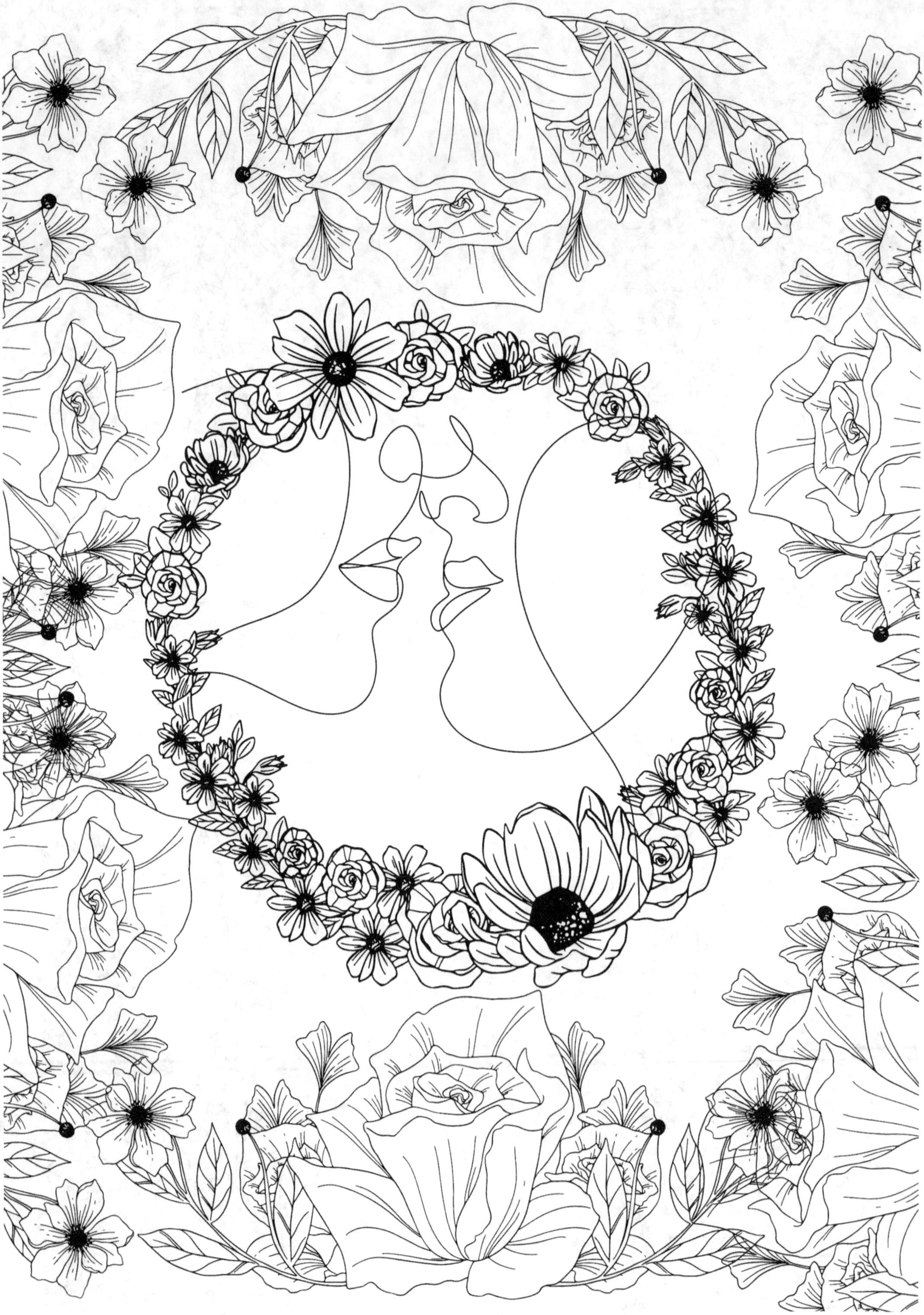

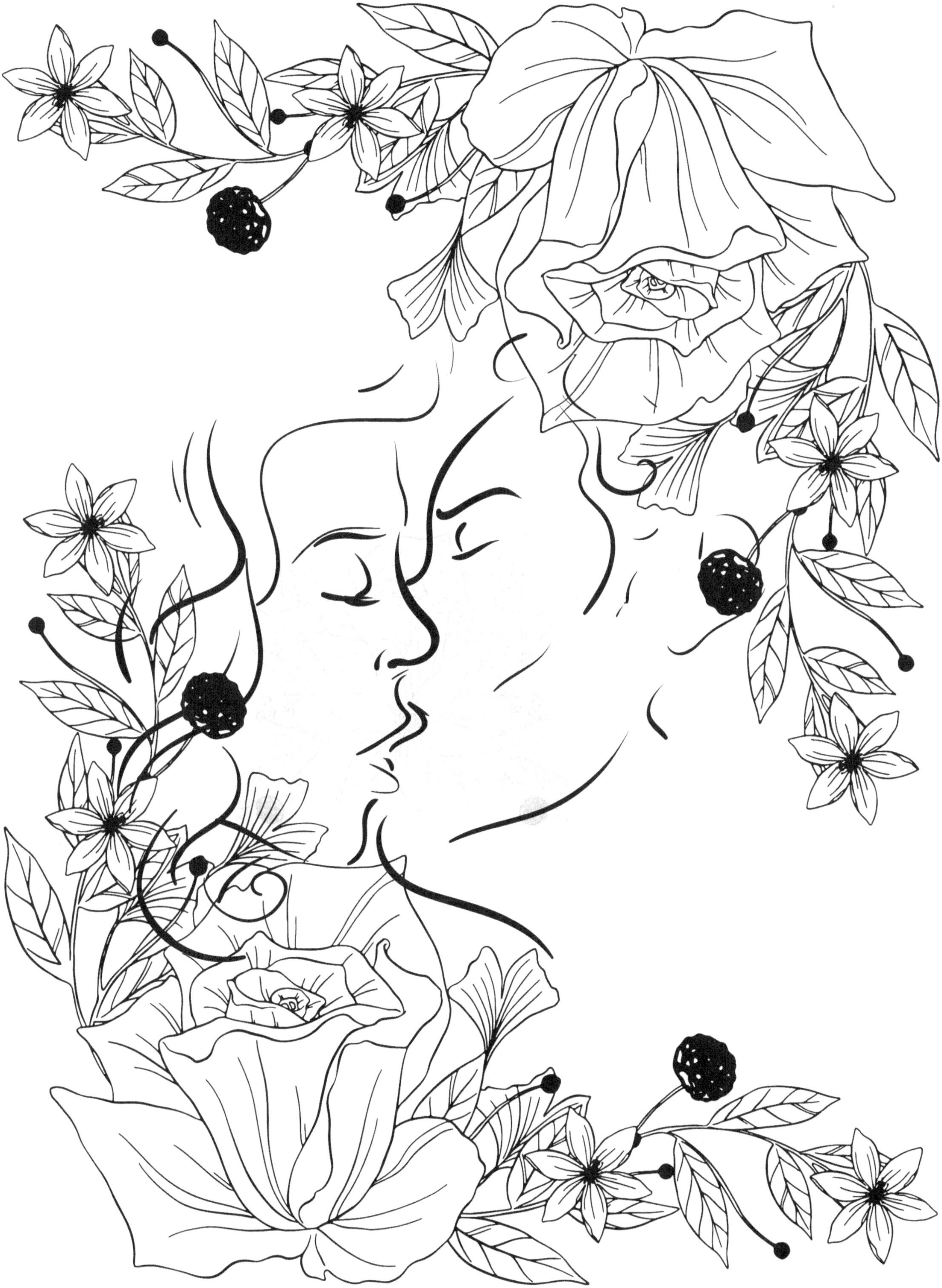

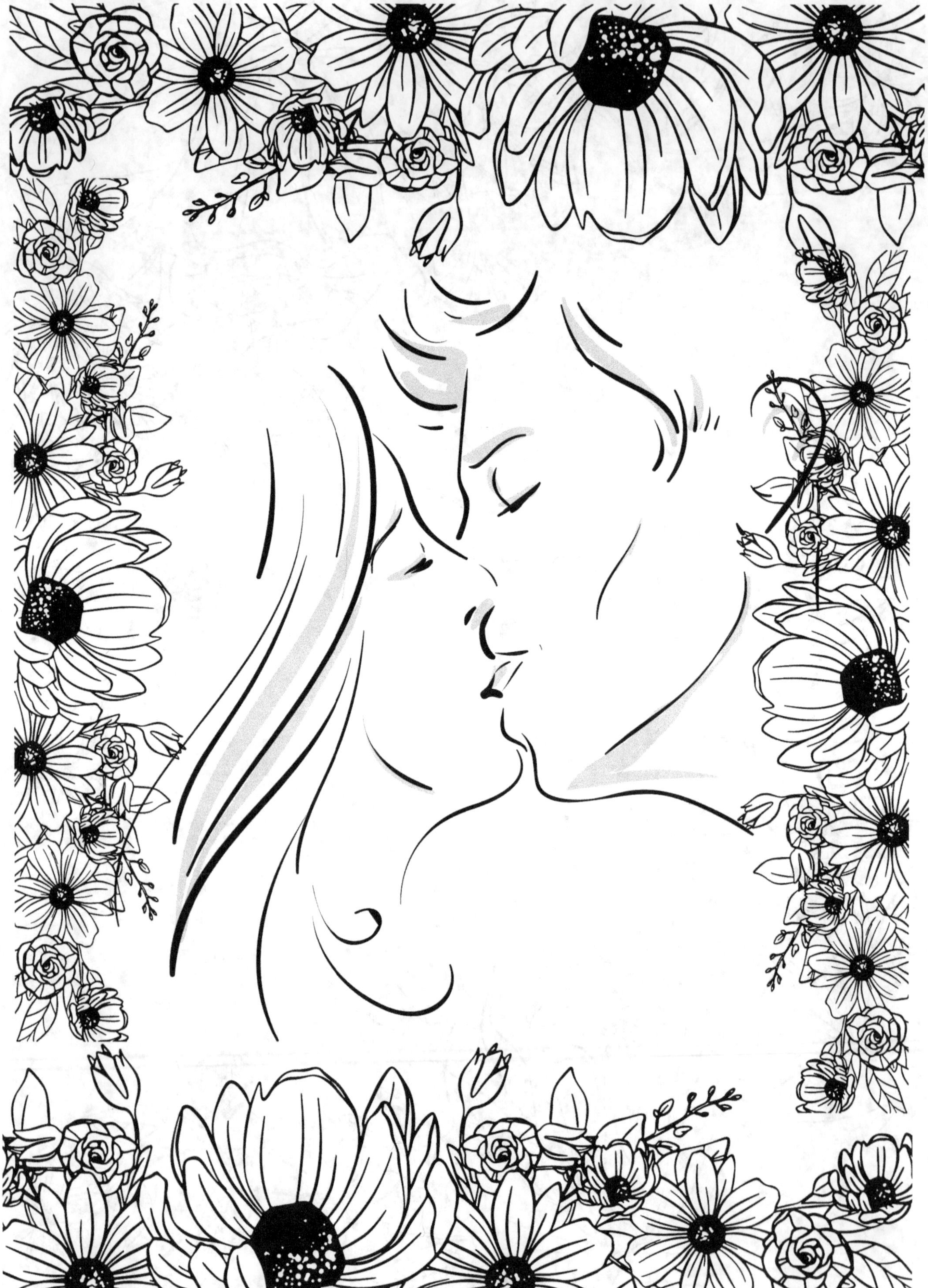

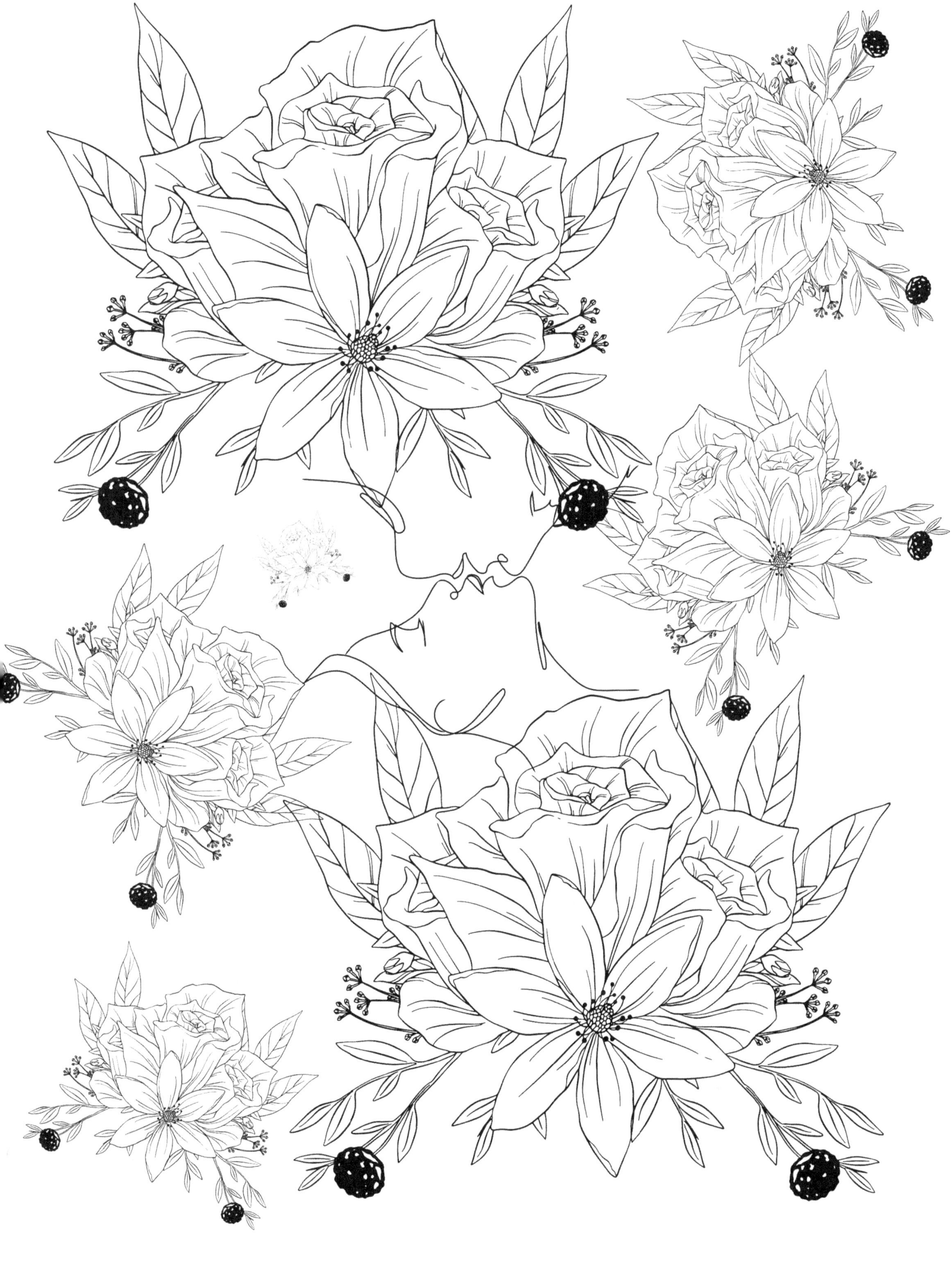

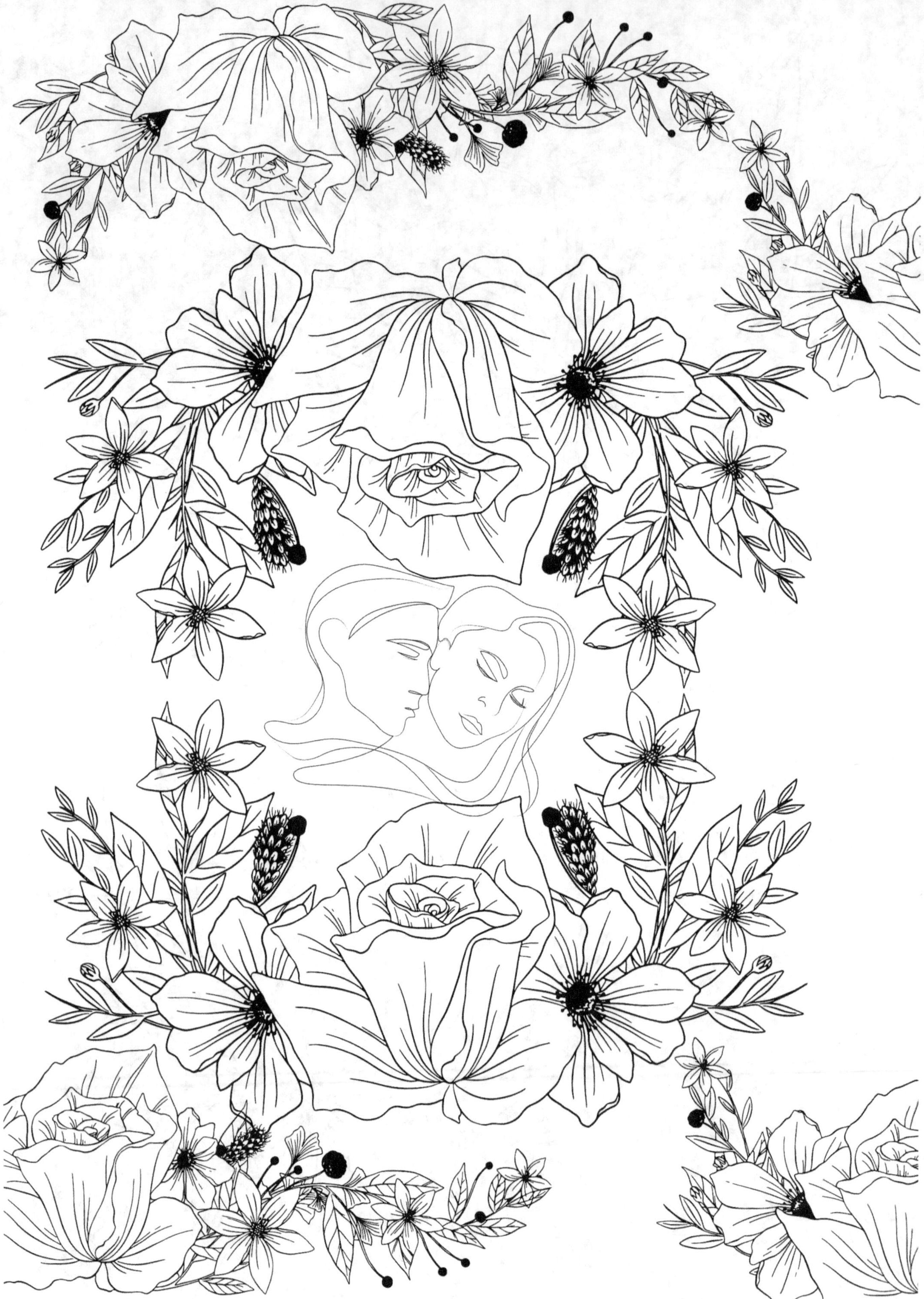

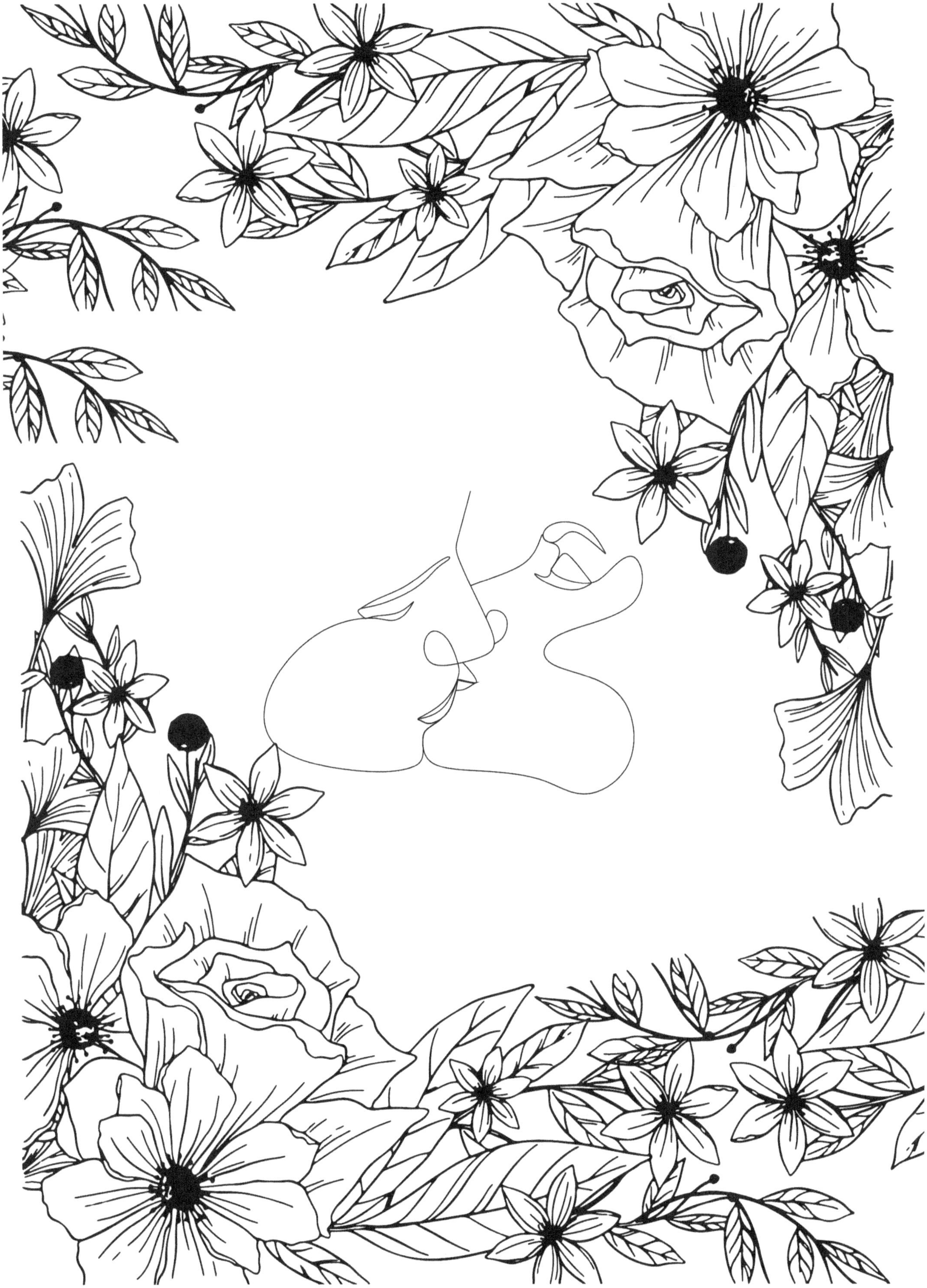

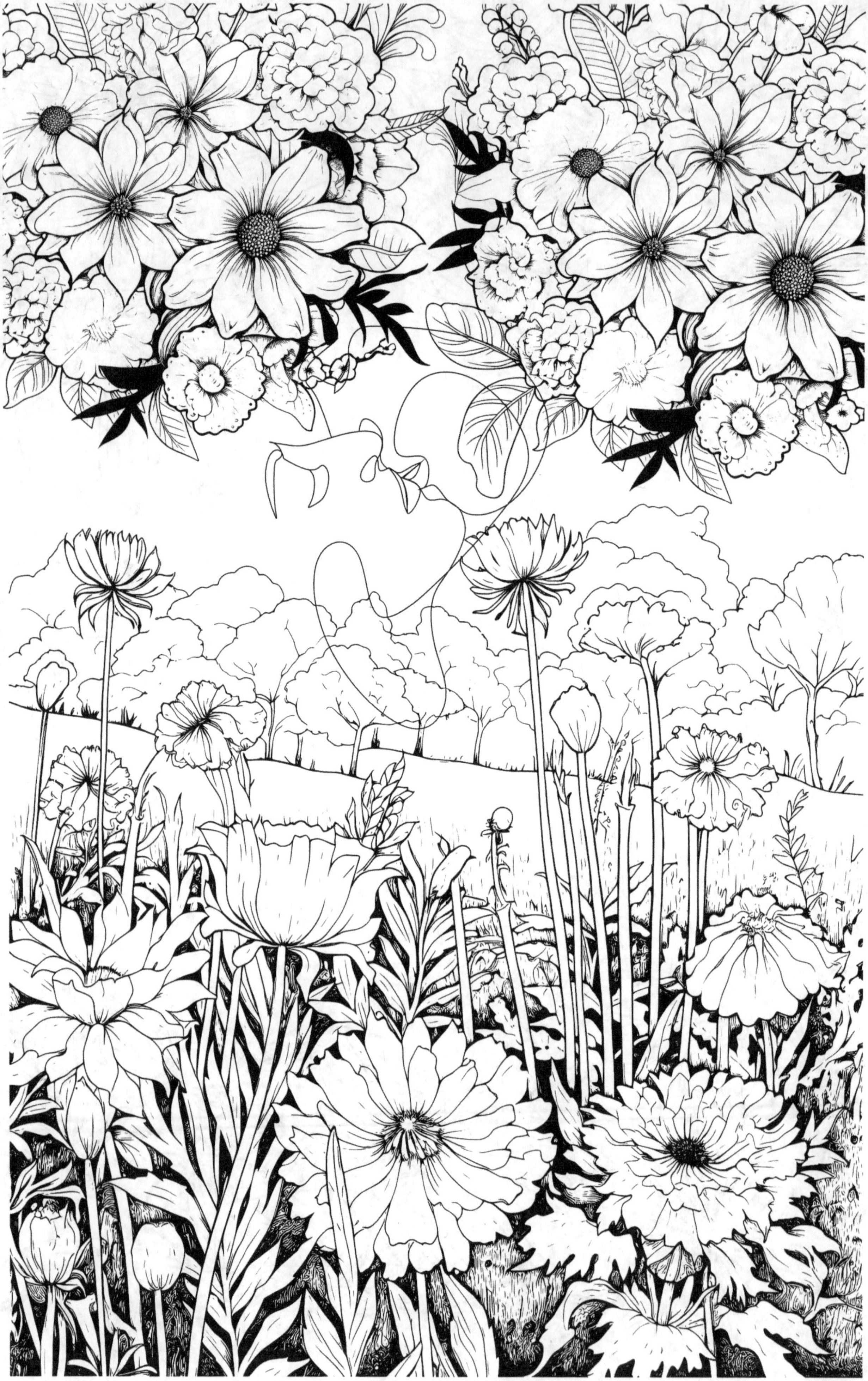

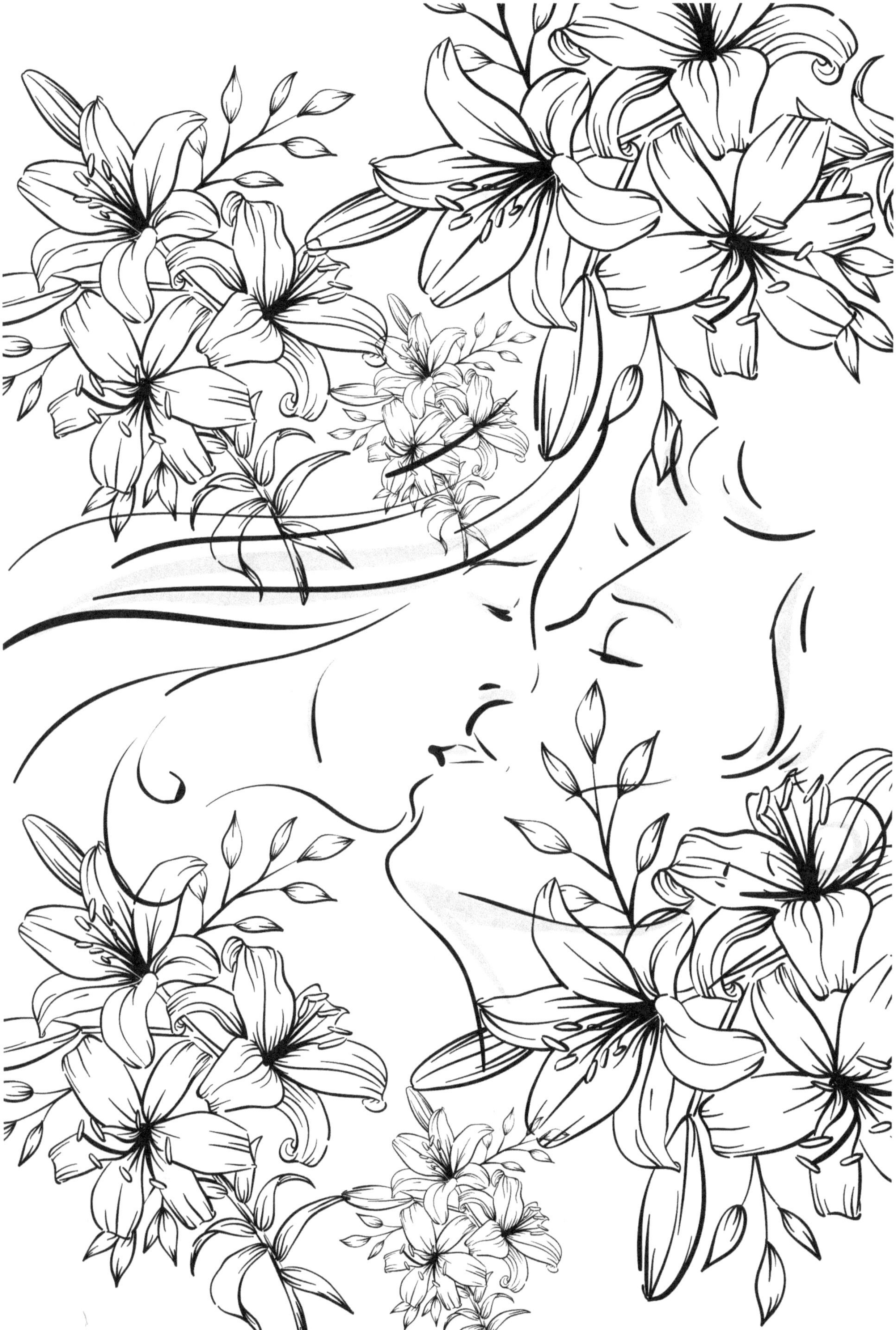

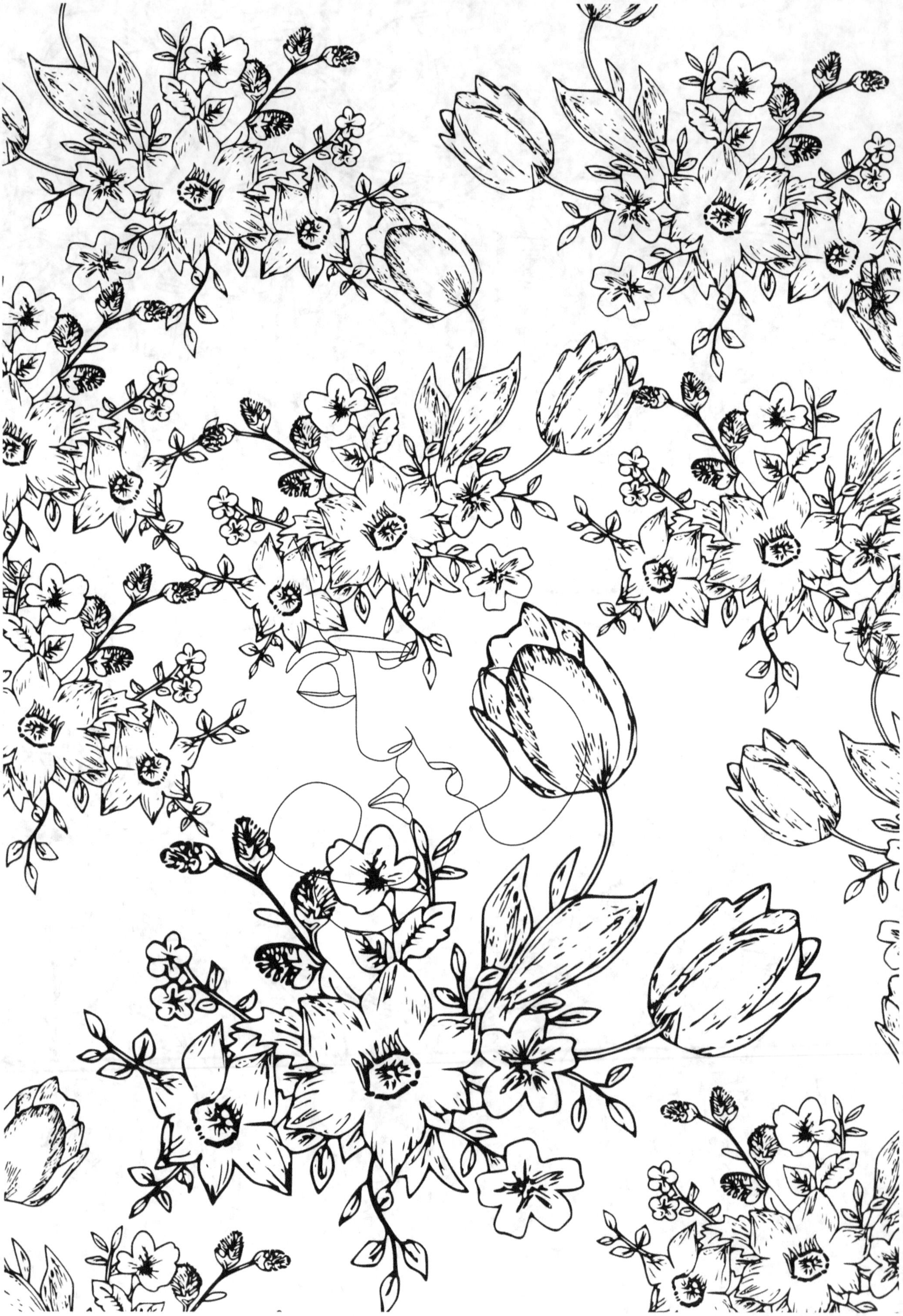

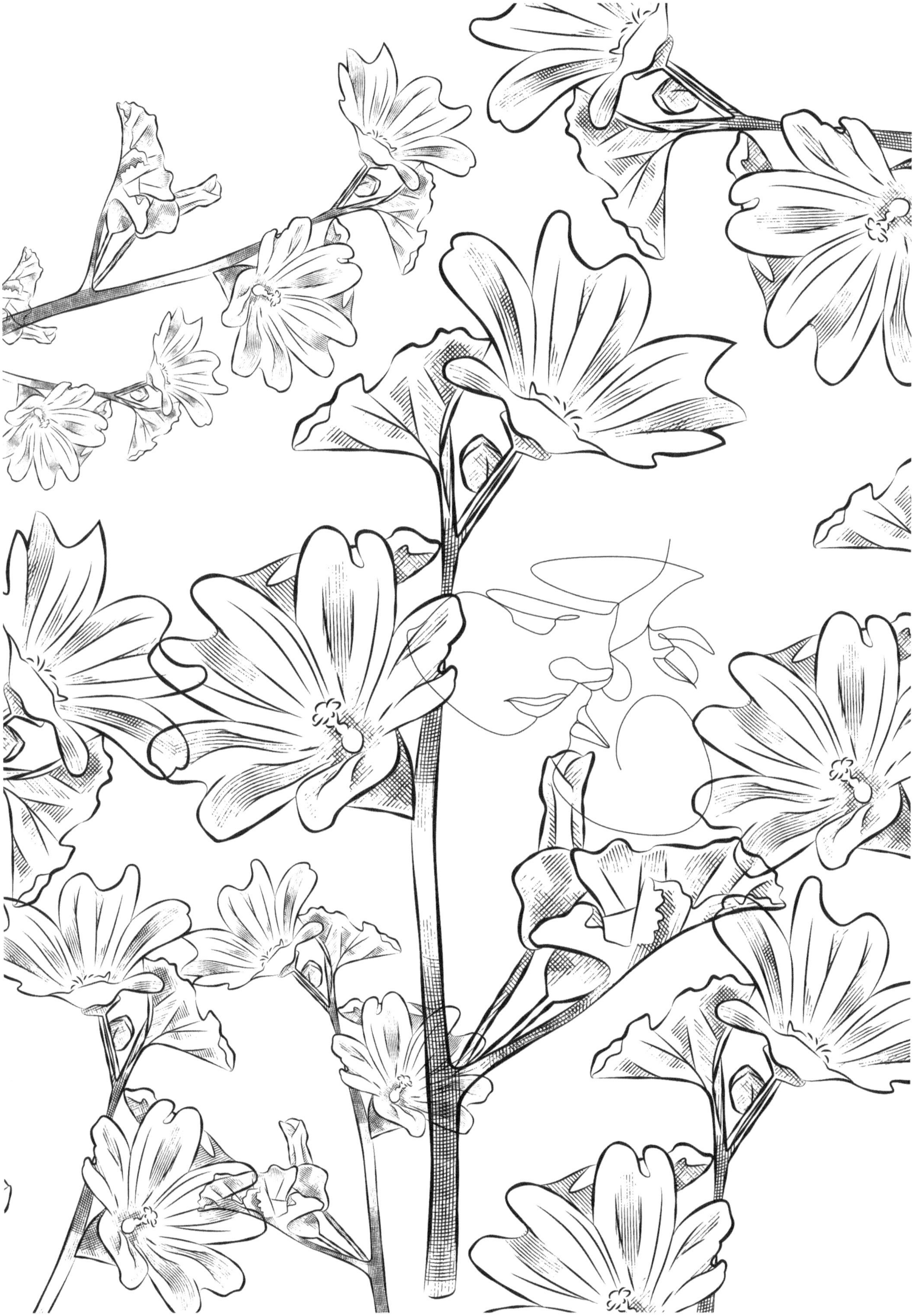

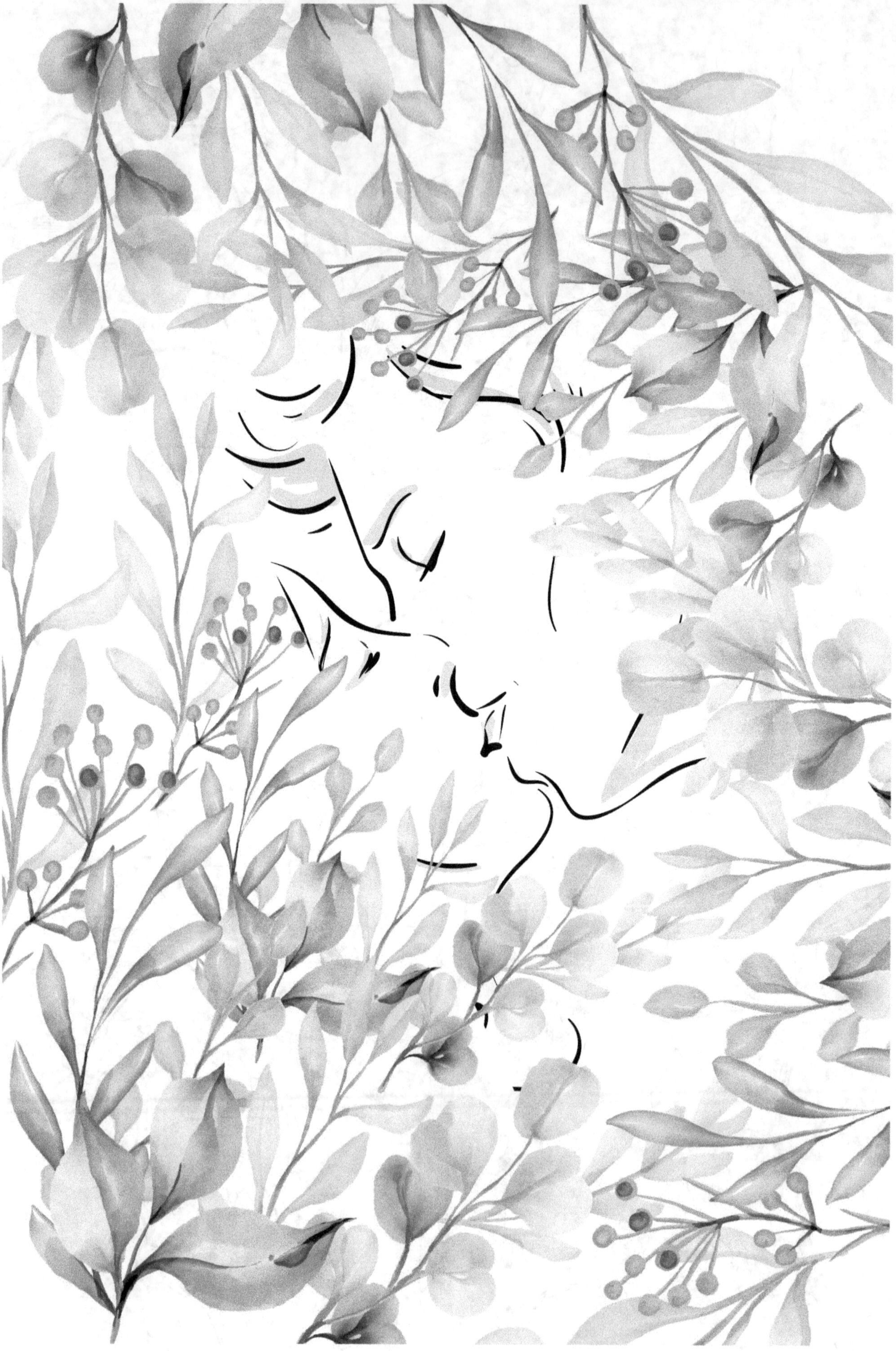

www.ingramcontent.com/pod-product-compliance
Lightning Source LLC
Chambersburg PA
CBHW081116240526
45470CB00020B/3313
* 9 7 9 8 3 2 4 4 1 9 6 3 9 *